AF329368

0.80

RÉPUBLIQUE FRANÇAISE.

MINISTÈRE DE LA GUERRE.

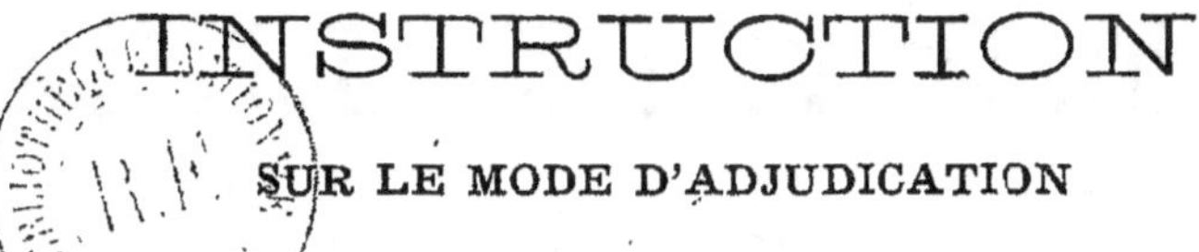

INSTRUCTION

SUR LE MODE D'ADJUDICATION

DE LA

FOURNITURE DES TOILES A DOUBLURE

EN LIN ET EN COTON

NÉCESSAIRES AU SERVICE DE L'HABILLEMENT

Du 1ᵉʳ janvier 1894 au 31 décembre 1899.

(Extrait du *Bulletin officiel*, 1ᵉʳ semestre 1893, partie supplémentaire.)

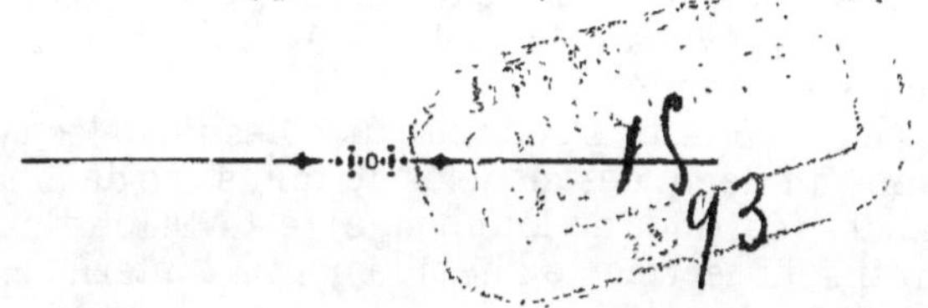

<table>
<tr><td>PARIS</td><td>LIMOGES</td></tr>
<tr><td>11, Place Saint-André-des-Arts.</td><td>46, Nouvelle route d'Aixe, 46.</td></tr>
</table>

IMPRIMERIE ET LIBRAIRIE MILITAIRES

HENRI CHARLES-LAVAUZELLE

ÉDITEUR.

1893

INSTRUCTION

SUR LE MODE D'ADJUDICATION

DE LA

FOURNITURE DES TOILES A DOUBLURE

EN LIN ET EN COTON

NÉCESSAIRES AU SERVICE DE L'HABILLEMENT

Du 1ᵉʳ janvier 1894 au 31 décembre 1899.

Mode de passation des marchés.

Art. 1ᵉʳ. Le 3 mai 1893, à 2 heures de l'après-midi, il sera procédé, à Paris, dans l'une des salles de l'Intendance militaire, hôtel des Invalides (corridor d'Arles), à l'adjudication publique de la fourniture des toiles nécessaires au service de l'habillement du 1ᵉʳ janvier 1894 au 31 décembre 1899. Toutefois, l'administration se réserve expressément le droit de proroger ledit marché pour trois années consécutives (1ᵉʳ janvier 1900 au 31 décembre 1902), en prévenant les intéressés huit mois avant l'expiration de la sixième année.

Il pourra être pris connaissance des modèles-types des toiles à fournir, au dépôt des modèles du ministère de la guerre, hôtel des Invalides (corridor de Maubeuge), et dans tous les magasins administratifs du service de l'habillement à l'intérieur.

Composition et division de la fourniture.

Art. 2. La fourniture se compose de trente-deux lots, divisés comme il suit :

12 lots pour la toile à doublure en lin ;
20 lots pour la toile à doublure en coton.

Le nombre maximum de lots dont la même personne ou la

même société peut devenir adjudicataire, est fixé à six lots de l'une ou de l'autre catégorie.

Composition de la commission d'adjudication.

Art. 3. La commission chargée de procéder à cette adjudication est composée ainsi qu'il suit :

1° Le préfet de la Seine ou son délégué, président ;

2° Le sous-intendant militaire chargé du service de l'habillement à Paris, membre technique ;

3° Un officier supérieur, désigné par le gouverneur militaire de Paris, membre.

Conditions d'admission des soumissionnaires.

Art. 4. Toute personne se livrant à la fabrication des toiles et possédant soit comme propriétaire, soit comme locataire, une manufacture propre à cette fabrication, peut être admise à concourir.

Chaque concurrent doit déposer, au plus tard le 20 février 1893, terme de rigueur, entre les mains du directeur du service l'intendance militaire de la région dans laquelle est situé son établissement, les pièces énumérées ci-après (1) :

1° Une déclaration indiquant son intention de soumissionner, ses nom, prénoms, domicile et qualité, et spécifiant le nombre de lots pour lequel il demande à concourir ;

2° Une pièce constatant légalement sa qualité de Français (2) ;

3° Un extrait de son casier judiciaire pour établir qu'il n'a

---

(1) Ne sont pas admis à concourir les industriels dont les usines sont installées à l'est d'une ligne suivant la voie ferrée passant par : Lille, Carvin, Douai, Valenciennes, Saint-Quentin, Tergnier, Laon, Reims, Saint-Hilaire, Châlons, Vitry, Saint-Dizier, Chaumont, Chalindrey, Gray ; puis la Saône jusqu'à la limite nord du département de l'Ain ; enfin cette limite nord jusqu'à la frontière. Exception est faite pour les villes situées sur cette ligne.

(2) Entre autres pièces pouvant établir cette qualité, on peut citer :

1° Certificat de l'autorité civile constatant que l'intéressé jouit de ses droits civils et politiques ;

2° Certificat d'inscription sur les listes électorales ;

3° Carte d'électeur ;

4° Certificat de l'autorité militaire établissant que le candidat a satisfait, en France, aux obligations de la loi sur le recrutement.

Cette énumération n'est pas et ne saurait être absolument limitative.

La commission peut admettre au lieu et place des pièces qui viennent d'être énumérées toutes celles qui établiront d'une manière incontestable à ses yeux que le concurrent est bien Français. La preuve de cette qualité peut, en effet, résulter, suivant la situation des intéressés, de la production d'autres documents authentiques dont on ne peut, à l'avance, établir la nomenclature complète.

jamais été déclaré en état de faillite, ou qu'il a été réhabilité et qu'il n'est pas en état de liquidation judiciaire.

Cette dernière pièce ne doit pas avoir plus de trois mois de date au moment de sa production. ·

Les anciens faillis concordataires qui auront bénéficié de la disposition transitoire de l'article 25 de la loi du 4 mars 1889, ainsi que les personnes admises à la liquidation judiciaire, en vertu de la même loi, pourront solliciter leur admission à concourir, en produisant :

Soit le jugement déclarant que les intéressés ne seront soumis qu'aux incapacités édictées par l'article 21 de la loi du 4 mars 1889,

Soit le jugement qui les a admis à la liquidation judiciaire, ainsi que l'autorisation spécialement délivrée par le juge commissaire en vue de l'adjudication à intervenir.

4° Une patente de fabricant de toiles ;

5° *a*) Pour tout établissement ou portion d'établissement dont le demandeur *est propriétaire*, un acte de notoriété passé devant notaire, attestant que les usines, ateliers, mécaniques, machines, ustensiles, engins et agrès, etc., appartiennent réellement en toute propriété au demandeur ;

b) Pour tout établissement ou portion d'établissement pris à loyer, un bail authentique constatant que la jouissance des lieux, de la force motrice et du matériel est exclusivement réservée au locataire pour une durée non interrompue suffisante pour l'exécution complète et entière du service à entreprendre. Sera réputé non valable tout bail laissant au propriétaire la faculté de résiliation avant la complète exécution du service, c'est-à-dire avant le 31 décembre 1902 ;

6° Les plans des usines et ateliers dans lesquels il se propose de faire fabriquer les toiles nécessaires au service, avec l'état détaillé du conditionnement de l'outillage que chacun renferme. Ces usines et ateliers doivent être situés sur le territoire français ; les plans et leurs annexes sont certifiés par l'architecte départemental ;

7° Une déclaration certifiée par l'ingénieur des mines ou, à son défaut, par le contrôleur des mines départemental et indiquant la force motrice des moteurs, soit à vapeur, soit hydrauliques, affectés à chaque usine, en ayant soin de n'attribuer aux moteurs hydrauliques que la force moyenne, calculée en tenant compte des chômages forcés dus à la baisse ou à la crue des eaux ;

8° Un état indiquant les entreprises de fournitures pour les services publics dont le signataire aurait été antérieurement adjudicataire, soit seul, soit en société.

Les directeurs du service de l'intendance militaire donnent aux déposants un récépissé de toutes les pièces déposées.

Conditions d'admission particulières aux sociétés.

Art. 5. Les sociétés en nom collectif ou en commandite qui veulent concourir produisent les pièces énumérées en l'article qui précède sous les cotes 1°, 4°, 5°, 6°, 7°, 8°, et, de plus, les pièces 2°, 3°, pour chacun des sociétaires.

Elles produisent, en outre :

Une copie légalisée de l'acte constitutif de la société, des statuts et des documents modificatifs, s'il y a lieu. L'acte constitutif ne sera valable qu'autant que la durée de ladite société, qui ne devra pas être illimitée, sera au moins égale à la durée du marché à intervenir, et qu'il ne stipulera pas de réserves de nature à affaiblir la solidarité imposée par la loi aux membres de toute société dûment constituée.

Pour les sociétés anonymes, mêmes justifications, sauf les pièces indiquées sous les n°ˢ 2 et 3 de l'article 4.

Pour ces mêmes sociétés, il sera en outre produit :

1° Une déclaration signée par le président du conseil d'administration et légalisée, faisant connaître les noms de la personne ou des personnes qui, d'après les statuts, ont qualité pour traiter au nom de la société ;

2° Un certificat délivré par le greffier du tribunal de commerce du lieu où est établi le siège de la société, constatant qu'elle n'est ni en état de faillite, ni en état de liquidation judiciaire.

Pour les sociétés à capital variable, les conditions d'admission seront celles énoncées aux paragraphes 1 et 2 du présent article si ladite société est en nom collectif ou en commandite et celles des paragraphes suivants si la société à capital variable est une société anonyme.

Conditions d'admission des sociétés d'ouvriers français.

Art. 6. Les sociétés d'ouvriers français, constituées dans l'une des formes prévues par l'article 19 du Code de commerce ou par la loi du 24 juillet 1867, peuvent soumissionner dans les conditions ci-après déterminées, s'il est reconnu que l'admission de ces sociétés ne peut être préjudiciable aux intérêts du service.

Pour être admises à soumissionner, ces sociétés doivent préalablement produire :

1° La liste nominative de leurs membres ;

2° L'acte de société ;

3° Des certificats de capacité délivrés aux gérants, administrateurs ou autres associés spécialement délégués pour diriger l'exécution des fournitures qui font l'objet du marché et assister aux opérations destinées à constater la quantité et la qualité des fournitures livrées.

Les sociétés indiquent, en outre, le nombre minimum des sociétaires qu'elles s'engagent à employer à l'exécution du marché.

Justifications à produire par les titulaires des marchés actuels.

Art. 7. Les personnes ou sociétés actuellement engagées dans un marché avec l'administration de la guerre ne sont dispensées de la production d'aucune des pièces énoncées aux trois articles précédents.

Examen des déclarations reçues.

Art. 8. Les directeurs du service de l'intendance militaire, dès la réception des demandes d'admission à soumissionner, s'occupent de recueillir auprès des municipalités, des tribunaux et chambres de commerce, tous les renseignements propres à éclairer la commission d'admission sur l'aptitude générale, la moralité et la solvabilité des signataires des déclarations ; d'un autre côté, ils vérifient les dossiers reçus et, s'il y a lieu, les font compléter.

Transmission des dossiers. — Séance d'examen des déclarations
d'intention de soumissionner.

Art. 9. Les pièces visées aux articles 4, 5 et 6 sont transmises, avec leur avis motivé, par les directeurs du service de l'intendance, au président de la commission d'admission, sous le couvert de M. le sous-intendant militaire chargé du service de l'habillement, à Paris.

La commission d'admission (1) se réunit à Paris quinze jours avant la date fixée pour l'adjudication, pour prendre connaissance des renseignements recueillis, conformément à l'article 8.

Elle délibère et statue sur l'admission des concurrents et sur le nombre de lots qui pourront leur être adjugés en raison de l'importance des moyens de production dont ils ont justifié.

Le résultat de ses délibérations est constaté par un procès-verbal qui contient, complètes et séparées, d'une part la liste des admis avec le nombre des lots qui pourront leur être adjugés, d'autre part, la liste des non-admis.

Ces listes sont établies dans l'ordre alphabétique.

---

(1) Conformément à l'instruction ministérielle du 31 juillet 1889, la commission d'admission comprend :

1º Le préfet de la Seine, ou son délégué.................. Président.
2º Le sous-intendant militaire chargé du service de l'habillement à Paris ....
3º Un membre du conseil municipal de Paris.............. } Membres.
4º L'officier membre de la commission d'adjudication.......
5º Un second officier désigné par le gouverneur militaire de Paris...

Une copie du procès-verbal est adressée immédiatement et directement au Ministre par le sous-intendant militaire membre technique de la commission.

Notification des décisions de la commission.

Art. 10. Les décisions de la commission sont définitives et sans appel.

Le sous-intendant militaire les notifie le jour même aux intéressés.

Il adresse en même temps aux concurrents admis :

1° Une formule de soumission (modèle n° 1) ;

2° Une copie du tableau (art. 2 du cahier des charges) indiquant le maximum et le minimum des quantités composant chaque lot, ainsi que les prix qui doivent servir de base au rabais en séance d'adjudication.

Etablissement des soumissions.

Art. 11. L'adjudication a lieu sur soumissions distinctes :

1° Pour la toile à doublure en lin ; 2° pour la toile à doublure en coton.

Ces soumissions sont établies sur des formules imprimées (modèle n° 1), fournies par l'administration. Elles sont faites sur une seule expédition, que le soumissionnaire fait timbrer.

Les rabais sont exprimés en toutes lettres, en francs et centimes, sans autre fraction. Les décimales inférieures au centime qui seraient néanmoins exprimées sont considérées comme nulles et non avenues.

Toute rature ou surcharge doit être approuvée par une nouvelle signature.

Les soumissions qui comprennent plusieurs lots engagent les signataires pour chaque lot distinctement et divisément.

Sont rejetées toutes les soumissions qui contiennent des clauses restrictives ou exceptionnelles.

Le défaut de timbre n'entraînera pas le rejet d'une soumission : celle-ci sera timbrée ultérieurement à la diligence de l'administration et aux frais, risques et périls du soumissionnaire.

Mode de dépôt des soumissions.

Art. 12. Les soumissions sont remplies en dehors de la salle où a lieu l'adjudication, et renfermées dans une enveloppe cachetée à la cire et portant pour suscription :

« Soumission définitive pour la fourniture de..... lots de toile à doublure en lin (ou toile à doublure en coton). »

Elles sont remises en séance d'adjudication, soit par le signataire, soit en son nom par un mandataire porteur d'une procuration régulière légalisée et enregistrée, autorisant le représentant à signer le procès-verbal d'adjudication, et, en cas d'insuccès d'une première tentative d'adjudication, à déposer une nouvelle soumission à un nouveau concours.

Dépôt de garantie.

Art. 13. Chaque soumission définitive est accompagnée d'un récépissé constatant le versement dans une caisse du Trésor, en numéraire ou en valeurs sur l'Etat français, d'une somme de 1,000 francs par lot, destinée à garantir la réalisation du cautionnement exigé, et en prenant pour base le nombre de lots fixé par la commission d'admission.

La production de ce récépissé est de rigueur, et il ne peut y être suppléé par aucune remise de valeurs sur le bureau en séance d'adjudication.

Obligation résultant du dépôt d'une soumission.

Art. 14. Jusqu'au prononcé de l'adjudication, la remise d'une soumission définitive engage le signataire, qui ne peut plus la retirer.

Le prononcé de l'adjudication, même dans le cas prévu à l'article 21 ci-après, libère tous les soumissionnaires autres que les adjudicataires.

Séance d'adjudication.

Art. 15. La commission étant réunie sur la convocation de son président, au jour et à l'heure indiqués dans l'avis au public, et la séance étant déclarée ouverte, le président fait connaître l'objet de la réunion. Il donne lecture de la présente instruction et du cahier des charges, si quelqu'un des concurrents en exprime le désir, et passe outre si cette communication n'est pas demandée.

Lecture est aussi donnée, quand il y a lieu, des parties de documents (circulaires ou dépêches ministérielles) portant modification ou interprétation des dispositions du cahier des charges.

Ces formalités remplies, le président dépose sur le bureau la lettre close renfermant les rabais minima fixés par le Ministre, et invite les concurrents à déposer leurs soumissions. A cet effet, et procède à l'appel nominal des personnes admises à soumissionner en suivant l'ordre alphabétique de la liste établie conformément aux dispositions de l'article 9. A l'appel de son nom, chaque soumissionnaire dépose sur le bureau.

1° La lettre d'admission qui lui a été adressée par le sous-intendant militaire, conformément aux dispositions de l'article 10;

2° Les récépissés constatant le versement des dépôts de garantie ;

3° Les enveloppes fermées de cachets à la cire contenant les soumissions.

Chaque soumission déposée reçoit un numéro d'ordre de présentation.

Si c'est un fondé de pouvoirs qui fait le dépôt des soumissions, il doit d'abord présenter à la commission la procuration dont il est muni. La commission l'examine, statue sans désemparer sur sa validité, et, suivant le cas, accepte ou refuse le dépôt des soumissions.

Lorsque toutes les soumissions ont été déposées, le président annonce publiquement qu'il n'en recevra plus aucune après l'ouverture de la première.

Dépouillement des soumissions.

Art. 16. Le président décachette successivement les soumissions en suivant les numéros d'ordre de présentation ; il y inscrit ce numéro, la date de l'opération, et les signe pour visa ; il en fait la lecture à haute voix.

La commission examine si elles satisfont à toutes les conditions exigées et décide sans désemparer le rejet ou l'admission de celles qui présentent quelque défaut de forme. Sa décision est immédiatement annoncée à haute voix au public, comme notification aux intéressés, et toujours avant le prononcé de l'adjudication.

Les soumissions rejetées à quelque titre que ce soit demeurent annexées au procès-verbal de la séance, qui en fait mention.

Classement des soumissions.

Art. 17. Le dépouillement terminé, le sous-intendant militaire établit le classement des soumissions par catégorie de toiles, en commençant, pour chacune d'elles, par la soumission qui stipule le rabais le plus fort et en terminant par celle qui stipule le rabais le plus faible. En cas d'égalité de rabais, les soumissions sont inscrites dans l'ordre du dépôt.

Le classement terminé, le président en donne lecture à haute voix.

Proclamation des adjudicataires.

Art. 18. Le président brise alors le cachet de la lettre close renfermant les rabais limites, fait connaître ces rabais aux seuls membres de la commission, en leur faisant observer qu'ils doivent rester absolument secrets.

Puis il proclame adjudicataires, dans l'ordre du classement, pour la première catégorie de toiles, les soumissionnaires qui ont offert les rabais les plus avantageux dans la limite fixée, en attribuant à chacun d'eux, au maximum, le nombre de lots pour lequel il a été admis, et jusqu'à concurrence du nombre de lots à adjuger.

Si, au cours de l'opération, il se rencontre que deux ou plusieurs soumissions présentent des rabais égaux, et que l'ensemble des lots pouvant encore être adjugés aux signataires desdites soumissions dépasse le nombre des lots restant à adjuger, ceux-ci sont invités à faire, séance tenante, de nouvelles offres.

Si, à cette seconde épreuve, il y a encore égalité d'offres, ou si les soumissionnaires refusent d'en formuler de nouvelles, le sort décide, dans la forme qui est déterminée par la commission, quels seront ceux des soumissionnaires qui seront adjudicataires.

Dans le cas où le nombre de lots adjugés dans la limite du rabais fixé reste inférieur au nombre total de lots dont se compose la fourniture, tous les soumissionnaires admis sont invités à faire, séance tenante, de nouvelles offres, à l'exception de ceux qui ont déjà obtenu le nombre maximum de lots (art. 2). Ces concours partiels sont renouvelés jusqu'à ce que la totalité des lots ait été adjugée ou que les soumissionnaires refusent de faire de nouvelles offres.

Pour les lots restant à adjuger après ces diverses opérations, le Ministre traite ultérieurement comme il juge convenable.

L'opération étant terminée pour la toile à doublure en lin, le président procède de la même manière pour la toile à doublure en coton.

Dans tous les cas, la lettre close renfermant les rabais limites est recachetée, pour être jointe, en cet état, au procès-verbal de la séance.

Rabais moyen pour chaque adjudicataire de plusieurs lots
de la même espèce de toile.

Art. 19. Pour chaque adjudicataire, l'adjudication est prononcée aux rabais stipulés par la soumission.

Toutefois, il ne peut y avoir qu'un seul rabais par adjudicataire et par espèce de toile. En conséquence, si une même espèce de toile présente des rabais différents, dans les lots adjugés à un même fabricant, il est fait de ces rabais une moyenne qui devient le rabais définitif du marché.

Si le calcul donne, pour la valeur du rabais moyen, plus de deux décimales, il n'est pas tenu compte des décimales inférieures au centime.

Signature du procès-verbal d'adjudication.

Art. 20. Les soumissionnaires déclarés adjudicataires signent, séance tenante, les deux expéditions du procès-verbal d'adjudication qui tient lieu de marché.

Cet acte est immédiatement accepté, à titre provisoire, par le sous-intendant militaire, mais il ne devient définitif qu'après l'approbation du Ministre.

Un extrait de ce document, établi conformément au modèle annexé à la présente instruction, est délivré ultérieurement aux adjudicataires.

Adjudicataire absent et non représenté.

Art. 21. Si, au moment de la clôture des opérations de la commission, un soumissionnaire déclaré adjudicataire est absent et non représenté ou si, présent, il refuse de signer le procès-verbal, mention en est faite au procès-verbal de la séance, auquel la soumission dudit adjudicataire demeure en ce cas annexée. Le procès-verbal tenant lieu de marché, le sous-intendant militaire en fait remettre une copie certifiée par lui au domicile de l'adjudicataire.

Cette notification est faite par voie administrative.

Réclamations des soumissionnaires présents.

Art. 22. Si les opérations de la commission donnent lieu, séance tenante, à une réclamation de la part d'un ou de plusieurs soumissionnaires, il en est fait mention au procès-verbal de la séance, que signe chaque réclamant.

Si aucune réclamation n'a lieu, le procès-verbal le mentionne.

Restitution des dépôts de garantie.

Art. 23. A l'issue de la séance, le président de la commission remet aux soumissionnaires non déclarés adjudicataires les récépissés constatant le dépôt de garantie fait par chacun d'eux.

Préalablement, le sous-intendant militaire inscrit au dos du récépissé la mention suivante :

« M. (nom du soumissionnaire) n'ayant pas été déclaré adjudicataire, a droit à la restitution de son dépôt.

« Fait à   , le   189 . »

(Signature et timbre humide du sous-intendant.)

Les récépissés des soumissionnaires déclarés adjudicataires sont conservés à l'appui du procès-verbal d'adjudication jusqu'à ce qu'il ait été justifié de la réalisation des cautionnements en matières.

Procès-verbal de la séance d'adjudication.

Art. 24. Les opérations de la commission en séance d'adjudication sont constatées par un procès-verbal en double original relatant toutes les circonstances de l'adjudication ou de la non-adjudication et mentionnant spécialement les incidents de nature à influer sur les résultats de l'adjudication, qui auraient pu se produire pendant la séance. Ce procès-verbal est signé par les adjudicataires, les auteurs des réclamations, s'il y a lieu, et par tous les membres de la commission. Un des originaux est immédiatement et directement transmis au Ministre de la guerre par le sous-intendant militaire membre de la commission d'adjudication.

Ledit acte est ensuite enregistré à la diligence de l'administration militaire, mais seulement après que le Ministre a approuvé les résultats de l'adjudication.

Arrêté à Paris, le 2 janvier 1893.

Le Ministre de la guerre,

Signé : C. DE FREYCINET.

Modèle nᵒ 1.

—

Art. 10
de l'Instruction
du 2 janvier 1893.

SOUMISSION

pour une fourniture de (1)   *lots de* (3)

Je (ou nous) soussigné (2)   fabricant
à   département d
faisant élection de domicile, pour l'exécution du présent engage-
ment, à   .   rue
Après avoir pris connaissance :

1º Du cahier des charges en date du 2 janvier 1893, comportant
toutes les clauses et conditions imposées aux adjudicataires de
la fourniture des toiles à livrer dans les magasins administratifs,
du 1ᵉʳ janvier 1894 au 31 décembre 1899, et éventuellement, au
31 décembre 1902 ;

2º Des modèles types ;

Déclare (ou déclarons) :

1º Me (ou nous) soumettre à toutes les clauses et conditions imposées par le cahier des charges susmentionné ;

2º Me (ou nous) charger de la fourniture de (1)   lot
de (3)   moyennant les rabais suivants, sur
les prix de base indiqués à l'article 2 du cahier des charges :

(1)   lot. — (4)   franc   et   centimes
pour cent francs.

(1)   lot. — (4)   franc   et   centimes
pour cent francs.

La fabrication du tissu aura lieu dans l'usine de
dont je suis (ou nous sommes) (5)

Fait à Paris, le (6)

---

(1) Indiquer le nombre de lots que le signataire entend soumissionner.
(2) Nom et prénoms.
(3) Indiquer l'espèce de toile des lots soumissionnés.
(4) En toutes lettres, francs et centimes.
(5) Propriétaire ou locataire.
(6) En toutes lettres.

Nota. — Il sera établi une soumission séparée pour chacune des deux ca-
tégories de toiles.

<table>
<tr><td>

GOUVERNEMENT MILITAIRE
de Paris.

—

Place de Paris.

</td><td>

MODÈLE Nº 2.

—

Art. 20 de l'instruction
du 2 janvier 1893.

</td></tr>
</table>

SERVICE DE L'HABILLEMENT.

Fourniture des toiles.

Extrait du procès-verbal d'adjudication.

Suivant procès-verbal en date du   189   , M.
a été déclaré adjudicataire des fournitures indiquées ci-après, savoir :

NOM ET RÉSIDENCE d adjudicataire .	NOMBRE et NATURE DES LOTS DE TOILE	PRIX DE CHAQUE SORTE DE TOILE.

Réalisation du cautionnement.

L'adjudicataire est tenu de réaliser, dans les deux mois qui suivent la notification de l'approbation définitive de l'adjudication, un cautionnement en matières s'élevant :

Pour chaque lot de toile (à doublure en lin) à....... 8,000 mètres.
—   (à doublure en coton) à..... 10,000 mètres.

Le dépôt de garantie de 1,000 francs par lot est conservé jusqu'à ce qu'il ait été justifié de la réalisation du cautionnement en matières.

Approbation du procès-verbal d'adjudication.

Le procès-verbal d'adjudication susmentionné a été approuvé par le
, le   189   .

Enregistrement.

Enregistré à Paris le   189   ,   folio   . case   .
Reçu   francs, décimes compris.

POUR EXTRAIT CONFORME :
Le Sous-Intendant militaire,

TABLE DES MATIÈRES.

Paris et Limoges. — Imprimerie militaire Henri CHARLES-LAVAUZELLE.

PARIS ET LIMOGES. — IMP. MILITAIRE HENRI CHARLES-LAVAUZELLE.